Arna fhoilsiú ag
Gill and Macmillan Ltd
Goldenbridge
Baile Átha Cliath 8
i gcomhar lena gcomhlachtaí in
Auckland, Delhi, Gaborone, Hamburg,
Harare, Hong Kong, Johannesburg, Kuala Lumpur,
Lagos, London, Manzini, Melbourne,
Mexico City, Nairobi, New York, Singapore agus Tokyo

7171 1391 4

arna chlóbhualadh i Sasana

Clár/Contents

CÉAD FOCAL

THE FIRST HUNDRED WORDS

Buntéacs
Heather Amery

Pictiúir
Stephen Cartwright

Aistritheoir
Aoibheann Uí Chearbhaill

Tá lacha bhuí le feiceáil i ngach pictiúr.

Gill and Macmillan

Sa seomra teaghlaigh

Daidí **Mamaí** **buachaill** **cailín**

2

leanbh   madra   cat

Ag gléasadh

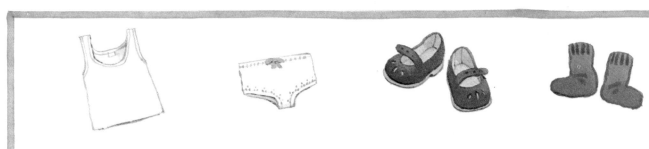

veist   fobhríste   bróga   stocaí

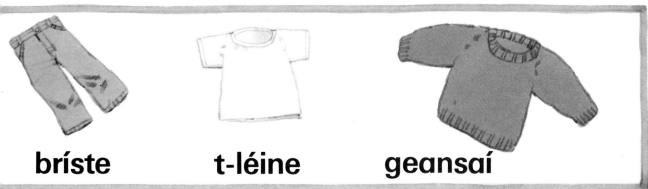

bríste   **t-léine**   **geansaí**

Sa chistin

arán

bainne

uibheacha

úll

oráiste

banana

Ag ní na soithí

bord　　　　**cathaoir**　　　　**pláta**

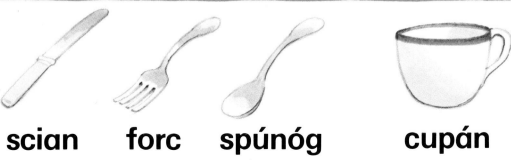

scian   **forc**   **spúnóg**   **cupán**

Am súgartha

capall

caora

bó

 cearc

muc

 traein

 brící

Ag dul ar cuairt

Mamó   **Daideo**   **slipéir**

12

gúna

cóta

hata

Sa pháirc

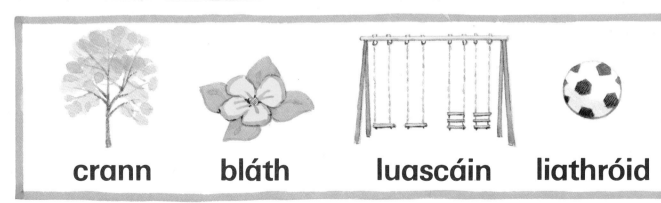

crann   bláth   luascáin   liathróid

sleamhnán   **éan**   **buataisí**   **bád**

Ar an sráid

carr **rothar** **trucail**

bus   **eitleán**   **teach**

Cóisir

reoiteog **císte** **balún**

clog

iasc

brioscaí

milseáin

Ag dul ag snámh

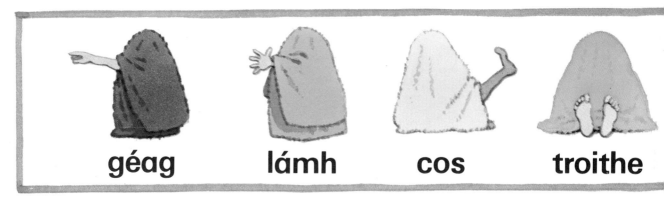

géag   lámh   cos   troithe

barraicíní **ceann** **tóin**

Sa seomra gléasta

béal **súile** **cluasa**

srón   **gruaig**   **cíor**   **scuab**

Ag dul ag siopadóireacht

dearg   **gorm**   **uaine**   **buí**

bándearg   **bán**   **dubh**

Am folctha

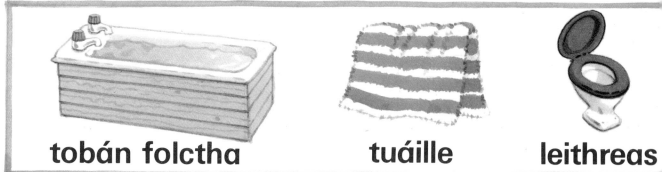

tobán folctha　　　　**tuáille**　　　**leithreas**

gallúnach   **bolg**   **lacha**

Am codlata

leaba   **fuinneog**   **doras**

lampa **leabhar** **bábóg** **teidí**

Cuir na focail leis na pictiúir

úll

liathróid

banana

leabhar

buataisí

císte

carr

cat

clog

bó

madra

bábóg

lacha

ubh

iasc

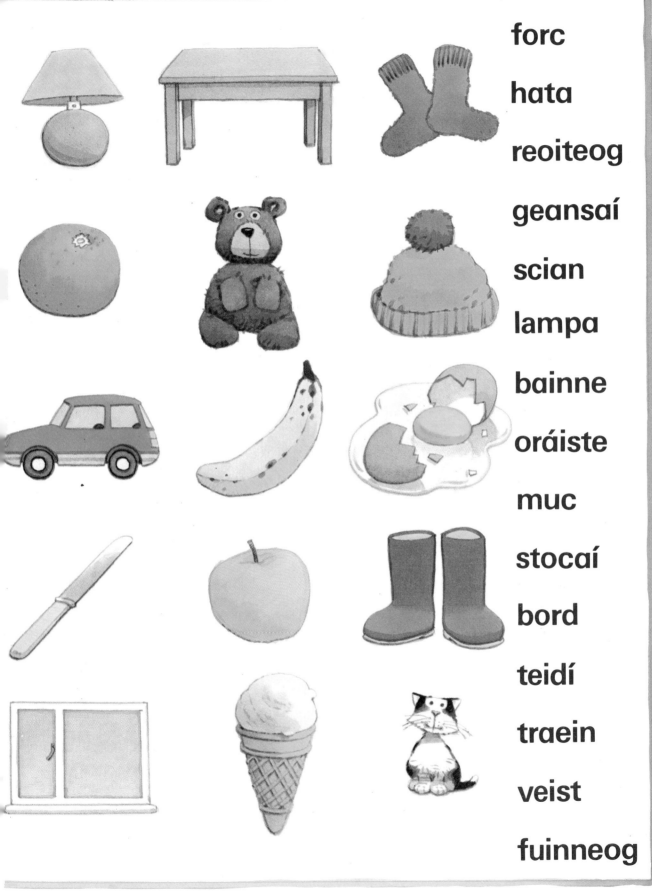

forc

hata

reoiteog

geansaí

scian

lampa

bainne

oráiste

muc

stocaí

bord

teidí

traein

veist

fuinneog

Ag comhaireamh

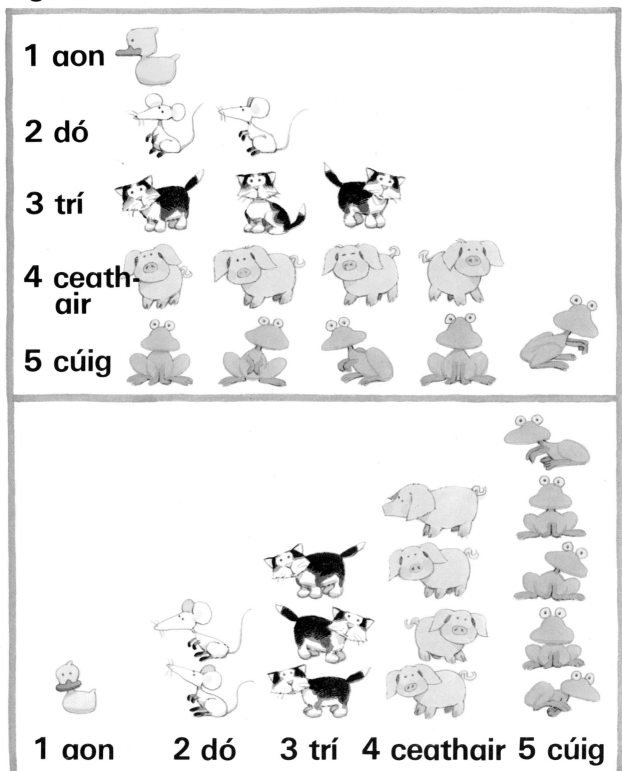

1 aon

2 dó

3 trí

4 ceath-
air

5 cúig

1 aon   2 dó   3 trí   4 ceathair 5 cúig